EMILE DURAND

COURS D'HARMONIE

RÉALISATIONS

PREMIÈRE et DEUXIÈME PARTIES

Pages 1 à 90

PARIS

ALPHONSE LEDUC, ÉDITEUR, 3, RUE DE GRAMMONT

Propriété réservée pour tous Pays.

Tous Droits de Traduction réservés.

Paris, Imp. A. Chaimbaud & Cie, 18, rue de la Tour d'Auvergne.

1881

EMILE DURAND

COURS D'HARMONIE

RÉALISATIONS

PREMIÈRE et **DEUXIÈME PARTIES**

Pages 1 à 90

PARIS

ALPHONSE LEDUC, ÉDITEUR, 3, RUE DE GRAMMONT

Propriété réservée pour tous Pays.

Tous Droits de Traduction réservés.

1881

Sur les Deux premiers degrés

Sur les Trois premiers degrés

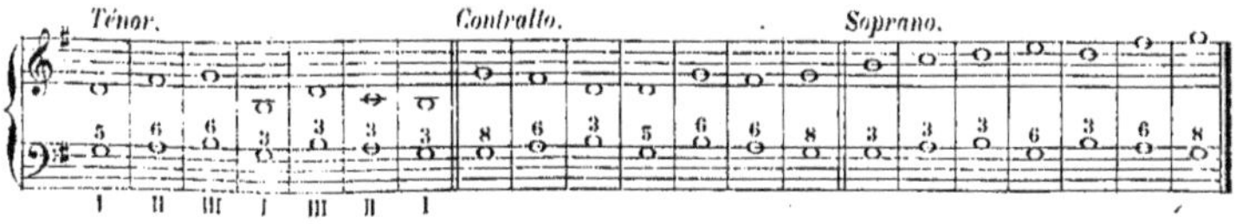

Sur les Quatre premiers degrés

(*) Bien que la plupart de ces leçons aient été composées pour *les voix*, elles sont, ici, notées presque toutes en *clef de fa* et *clef de sol*, afin que les élèves qui ne savent point d'autres clefs puissent en prendre connaissance.

Le **Ténor**, quoique noté en clef de sol, y est placé à *son véritable diapason;* et non à *une octave trop haut,* comme on a l'habitude de le faire lorsqu'on l'écrit sur cette clef.

A.L.6502.

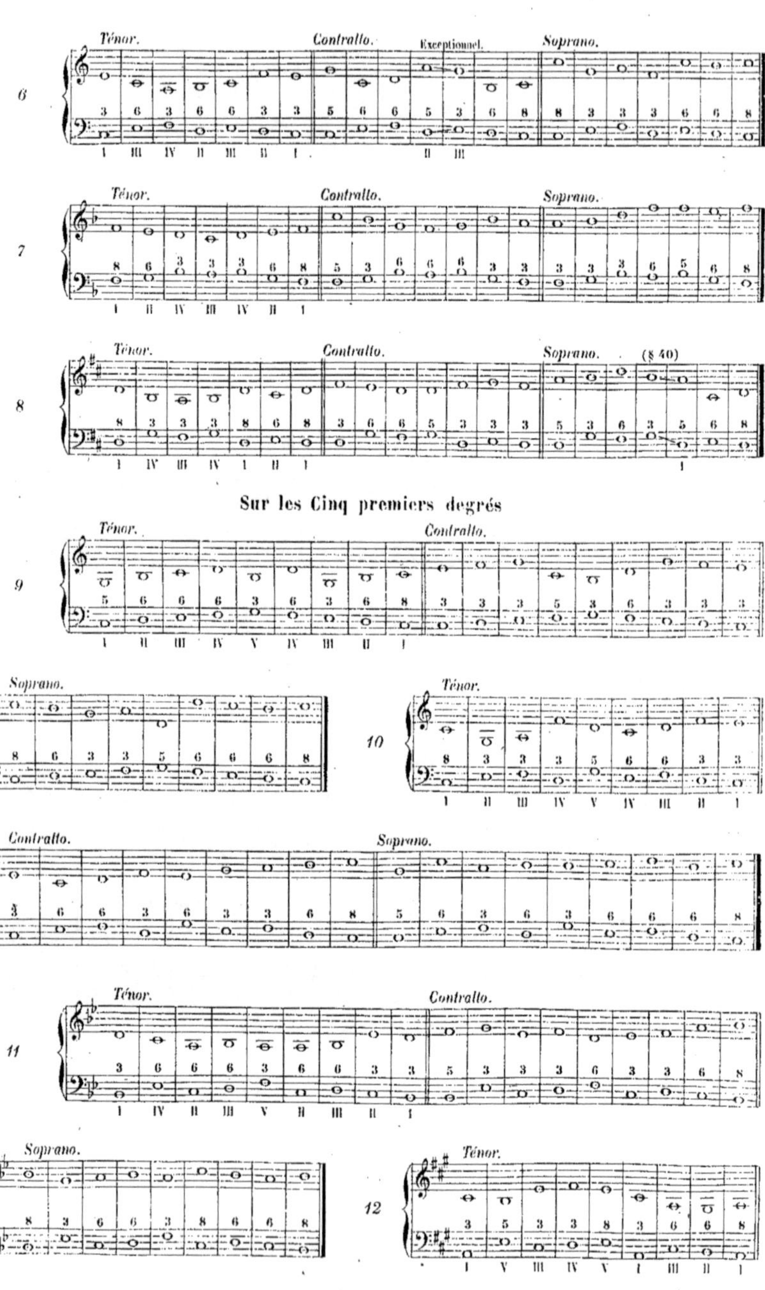

Sur les Cinq premiers degrés
A.L. 6502.

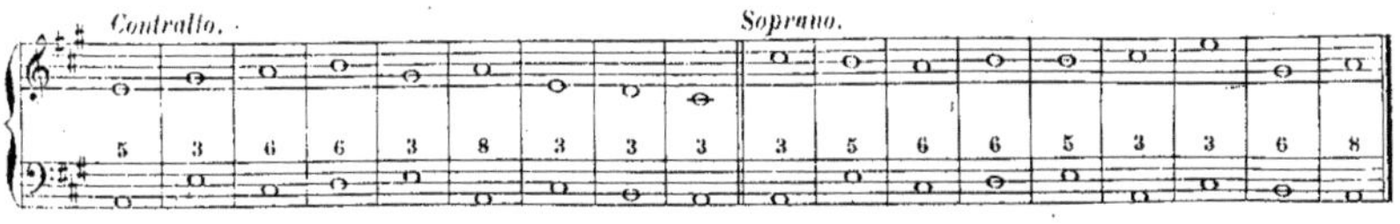

Sur les Six premiers degrés

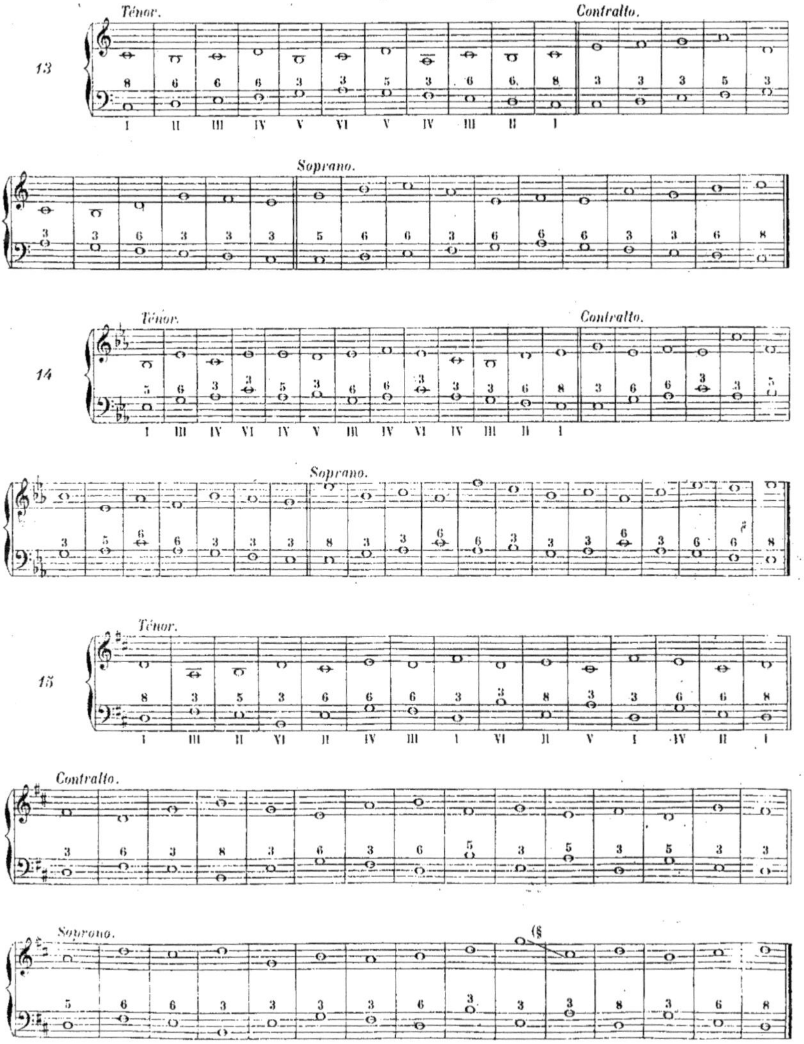

Sur Tous les degrés

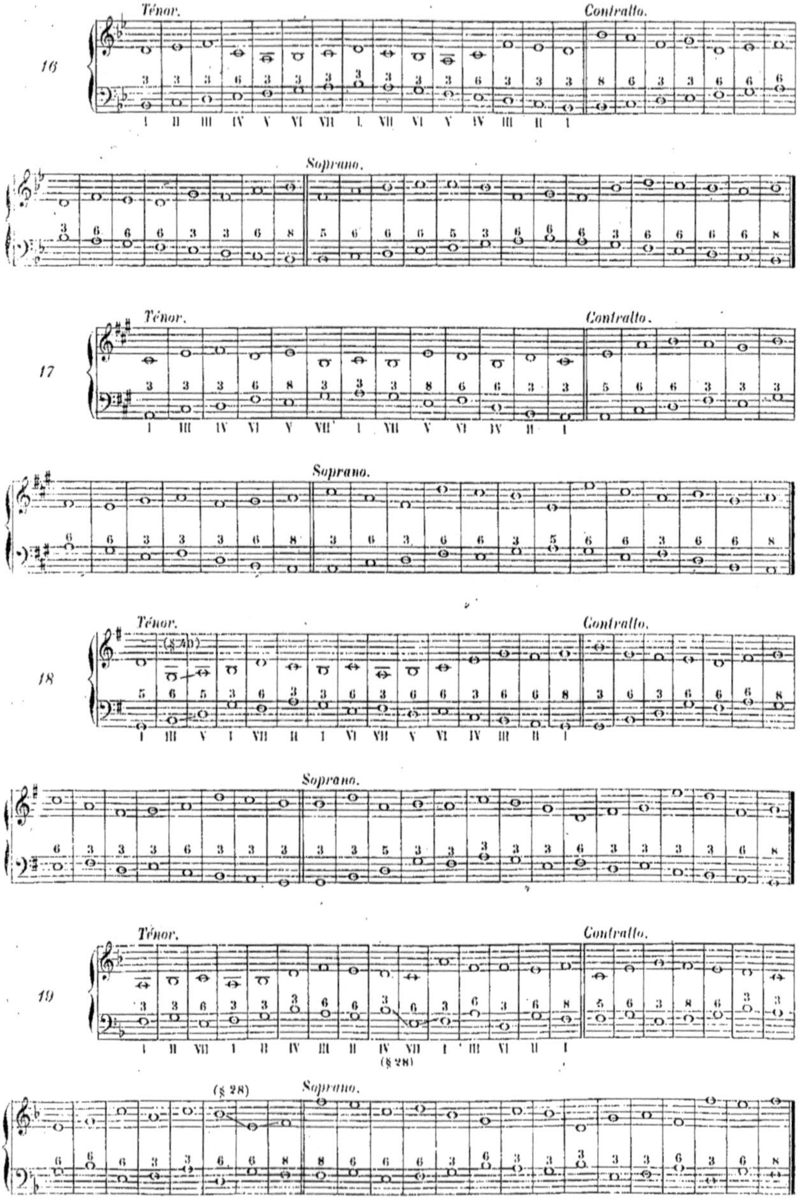

16 Ténor. Contralto.

Soprano.

17 Ténor. Contralto.

Soprano.

18 Ténor. (§ 4b) Contralto.

Soprano.

19 Ténor. Contralto.

(§ 28)

(§ 28) Soprano.

A.L. 6502.

20
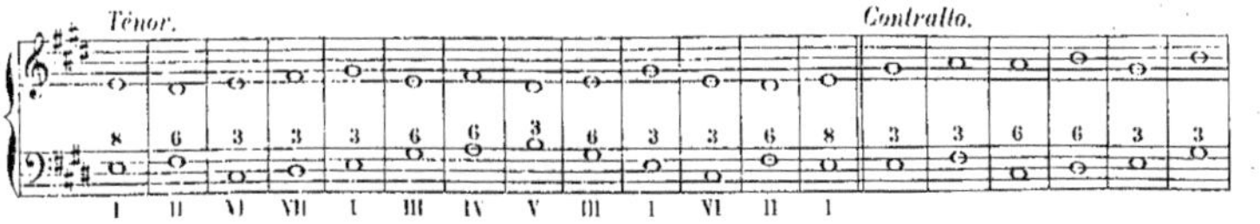
Ténor.
Contralto.

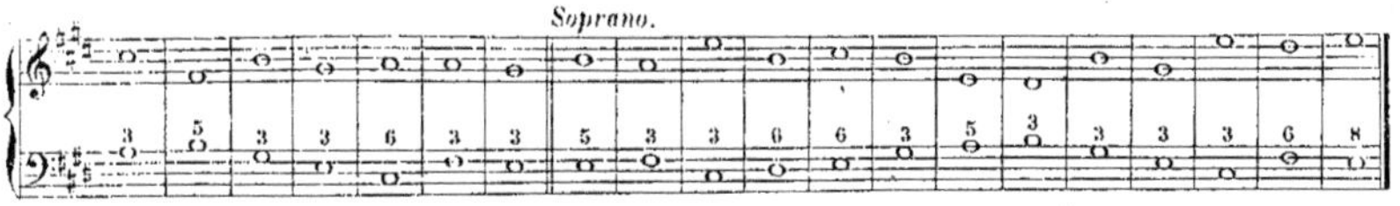
Soprano.

MODE MINEUR

Sur les Quatre premiers degrés

21
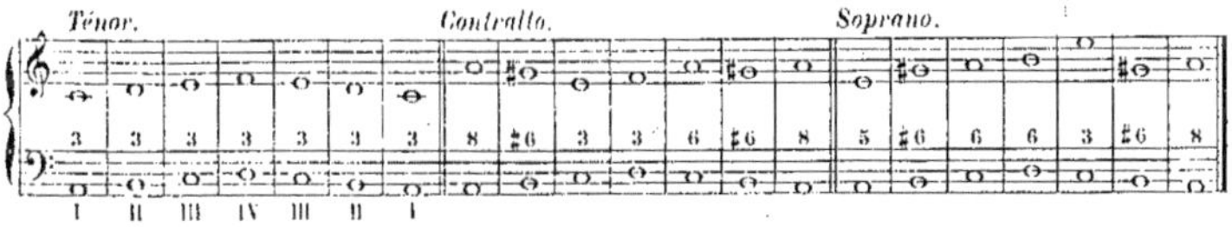
Ténor.
Contralto.
Soprano.

22
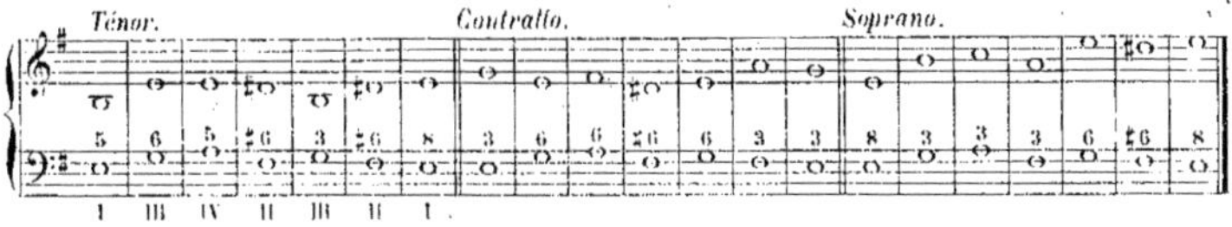
Ténor.
Contralto.
Soprano.

23
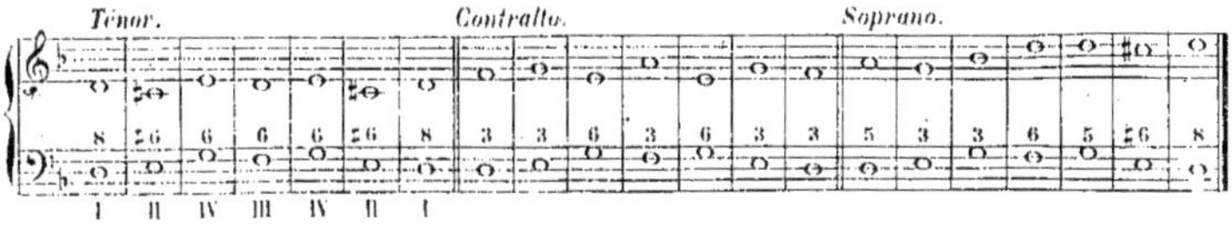
Ténor.
Contralto.
Soprano.

24
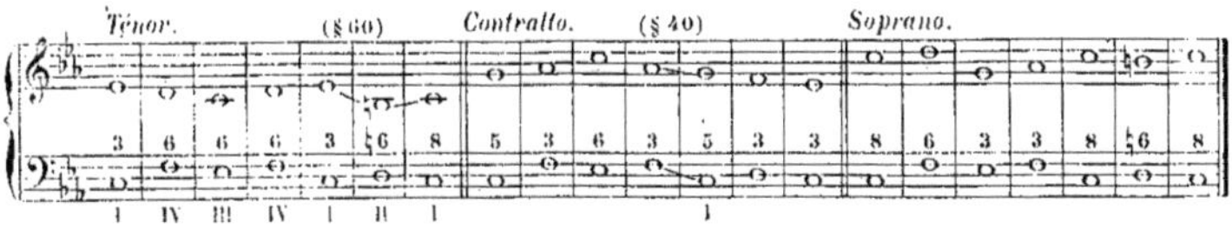
Ténor.
(§ 60)
Contralto.
(§ 40)
Soprano.

25
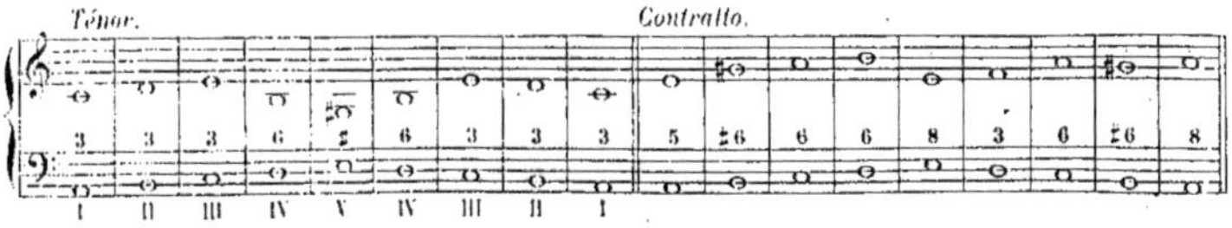
Ténor.
Contralto.

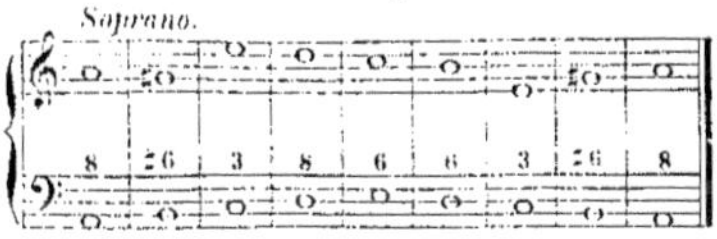
Soprano.

26
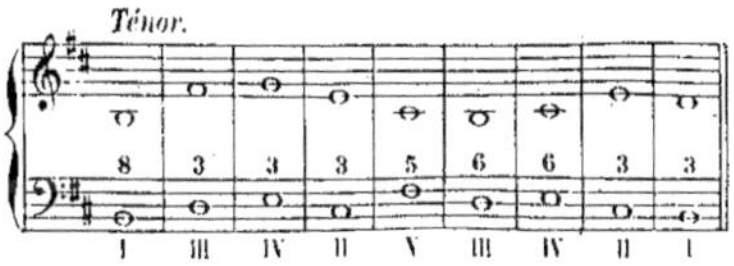
Ténor.

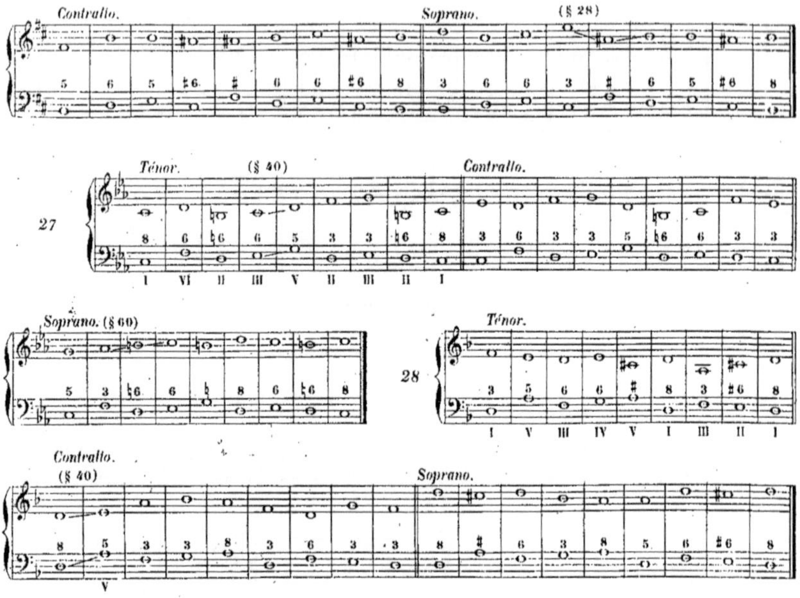

Contralto. Soprano. (§ 28)

Ténor. (§ 40) Contralto.

Soprano. (§ 60) Ténor.

Contralto. (§ 40) Soprano.

Sur les Six premiers degrés

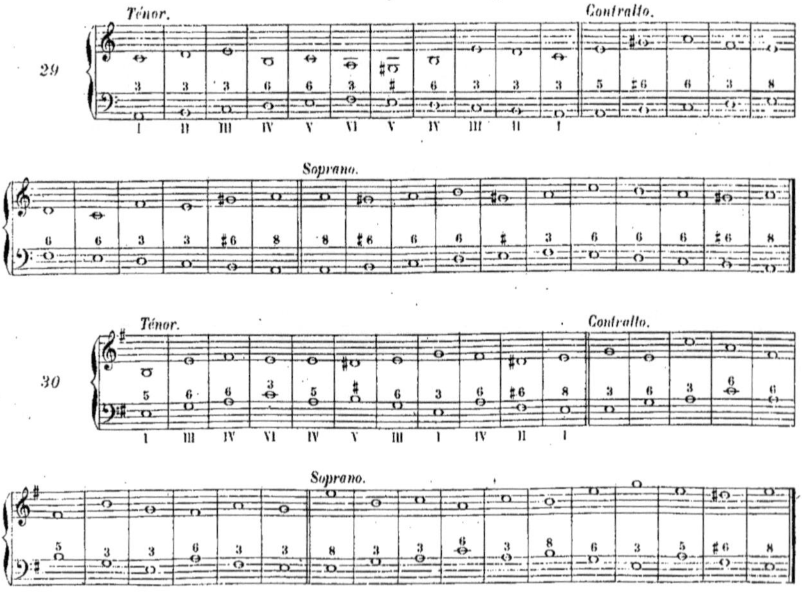

Ténor. Contralto.

Soprano.

Ténor. Contralto.

Soprano.

Sur Tous les degrés

Ténor.

31

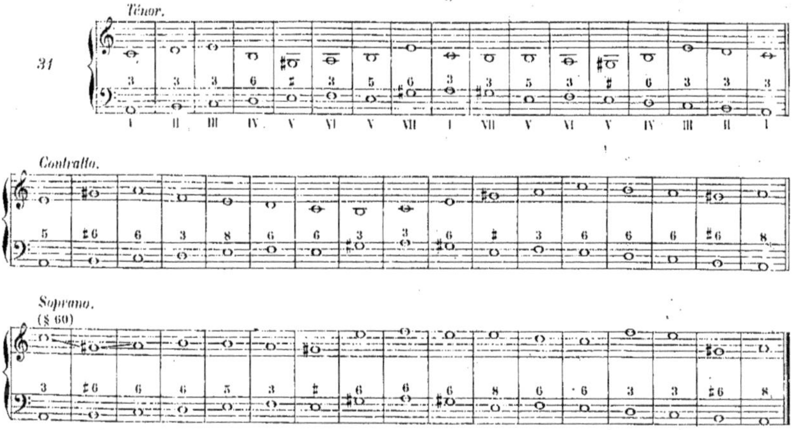

I II III IV V VI V VII I VII V VI V IV III II I

Contralto.

Soprano.
(§ 60)

Ténor. *Contralto.*

32

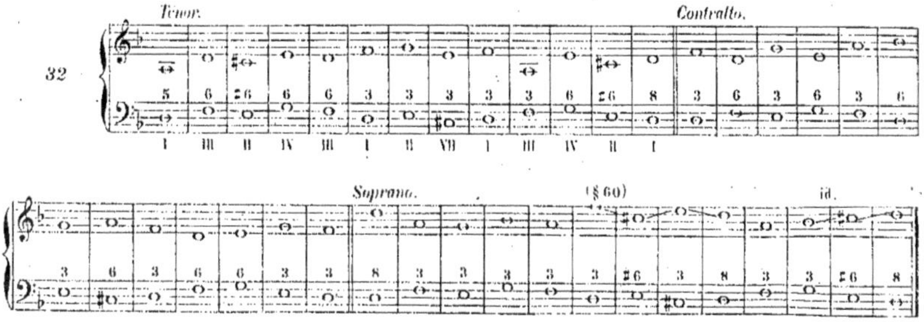

I III II IV III I II VII I III IV II I

Soprano. (§ 60) id.

Ténor. *Contralto.*

33

I II III VII I VI IV V III IV III II I

Soprano.

Ténor.

34

I VII I VI V II III IV II V III II I

A.L.6502.

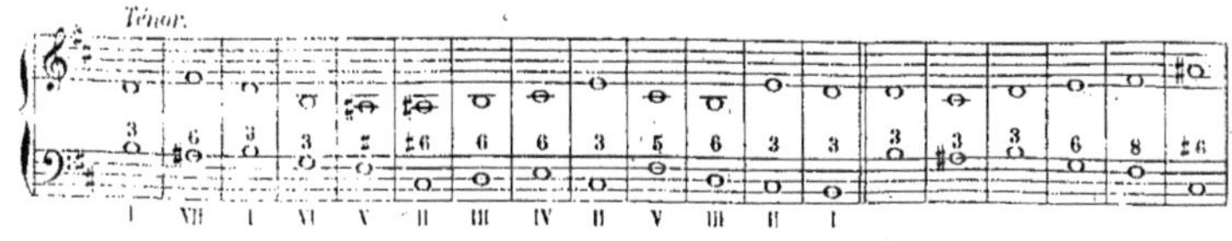

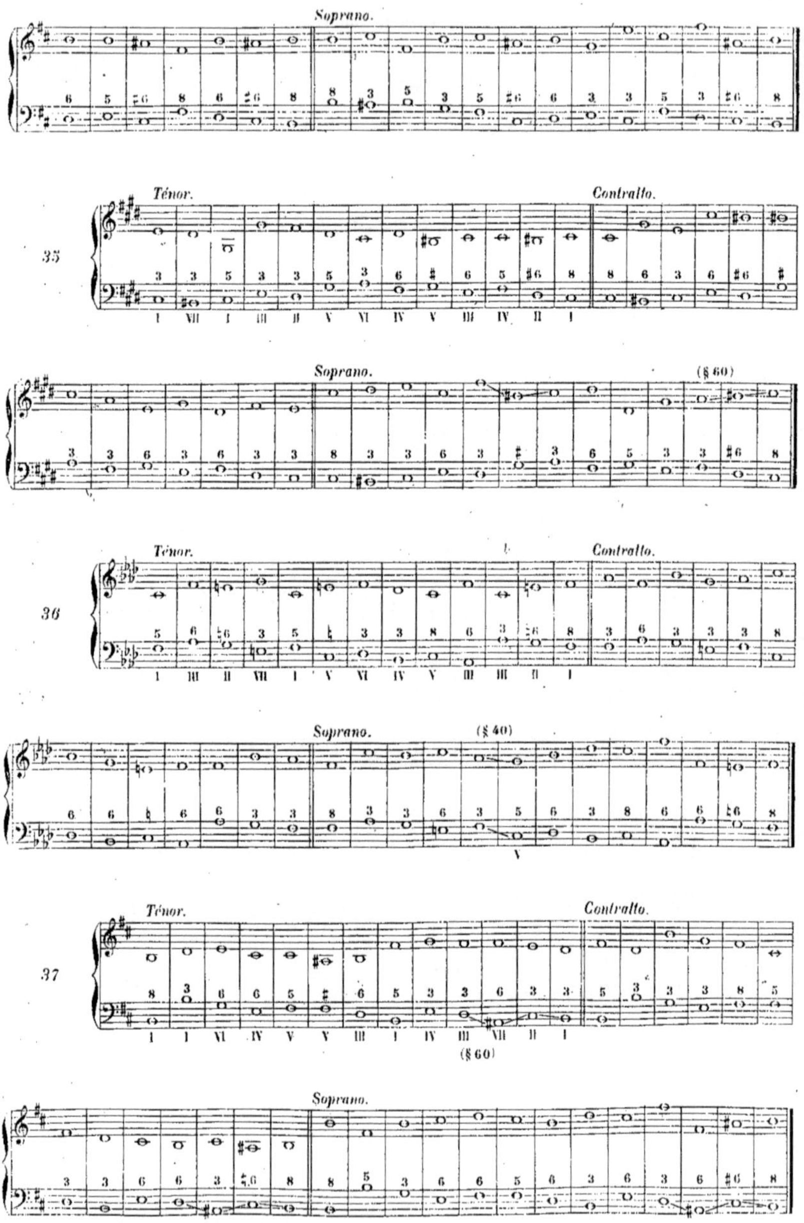

8
Soprano.
Ténor.
Contralto.
35
Soprano.
(§ 60)
Ténor.
Contralto.
36
Soprano.
(§ 40)
Ténor.
Contralto.
37
(§ 60)
Soprano.
A.L. 6502.

LEÇONS A TROIS PARTIES
sur les Accords de trois sons fondamentaux

BASSES DONNÉES CHIFFRÉES

Accords de Premier ordre

LEÇONS A TROIS PARTIES
sur les Accords de Sixte

BASSES DONNÉES CHIFFRÉES

Accords de Sixte des 3ᵐᵉ, 4ᵐᵉ, 6ᵐᵉ et 7ᵐᵉ Degrés

A.L. 6502.

N° 16.
Moderato.
(B.T.C.)
N° 17.
Andantino.
(B.C.S.)
N° 18.
Molto moderato.
(B.C.S.)
Accord de Sixte du 2me Degré
N° 19.
Moderato.
(B.C.S.)
N° 20.
Moderato.
(B.C.S.)
Accords de Sixte par Degrés conjoints et sur tous les Degrés
N° 21.
Allegro.
(B.C.S.)
N° 22.
Moderato.
(B.C.S.)

LEÇONS A TROIS PARTIES
sur les Accords de Quarte et Sixte

BASSES DONNÉES CHIFFRÉES

Accords de Quarte et Sixte des 1er, 2me et 5me Degrés (de 1er ordre)

Accord de Quarte augmentée et Sixte du 4ᵐᵉ Degré *(Mode majeur)*

LEÇONS A QUATRE PARTIES
sur les Accords de trois sons fondamentaux

BASSES DONNÉES CHIFFRÉES.

14

No 35. Moderato.

No 36. Allegro.

LEÇONS A QUATRE PARTIES
sur les Accords de Sixte

BASSES DONNÉES CHIFFRÉES

No 37. Moderato.

No 38. Allegro.

No 39. Allegretto.

No 40. Allegro moderato.

No 41. Moderato.

LEÇONS A QUATRE PARTIES
sur les Accords de Quarte et Sixte

BASSES DONNÉES CHIFFRÉES

Accords de Quarte et Sixte des 1er, 2me et 5me Degrés *(de 1er ordre)*

Accord de Quarte augmentée et Sixte du 4me Degré *(Mode majeur)*

Accords de Quarte et Sixte peu usités

Accord de Quarte augmentée et Sixte du 6me Degré *(Mode mineur)*

ACCORDS BRISÉS

Changements de Position et Echanges de Notes

BASSES DONNÉES CHIFFRÉES

Nᵒ 48.

Nᵒ 49.

Nᵒ 50.

Nᵒ 51.

FORMULES DE CADENCES

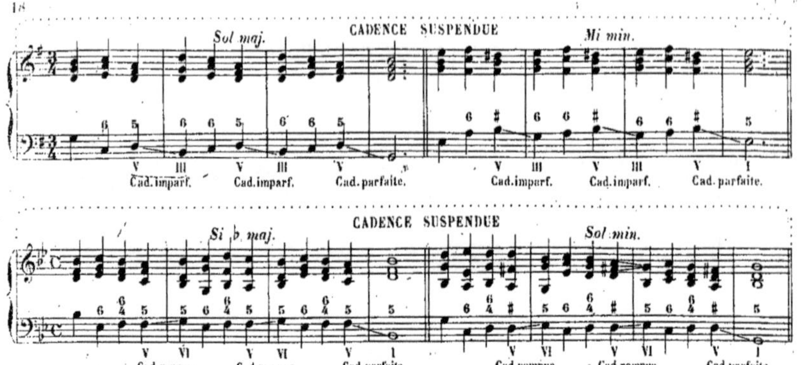

FORMES VARIÉES DES CADENCES

BASSES DONNÉES CHIFFRÉES

MARCHES D'HARMONIE UNITONIQUES

BASSES DONNÉES CHIFFRÉES

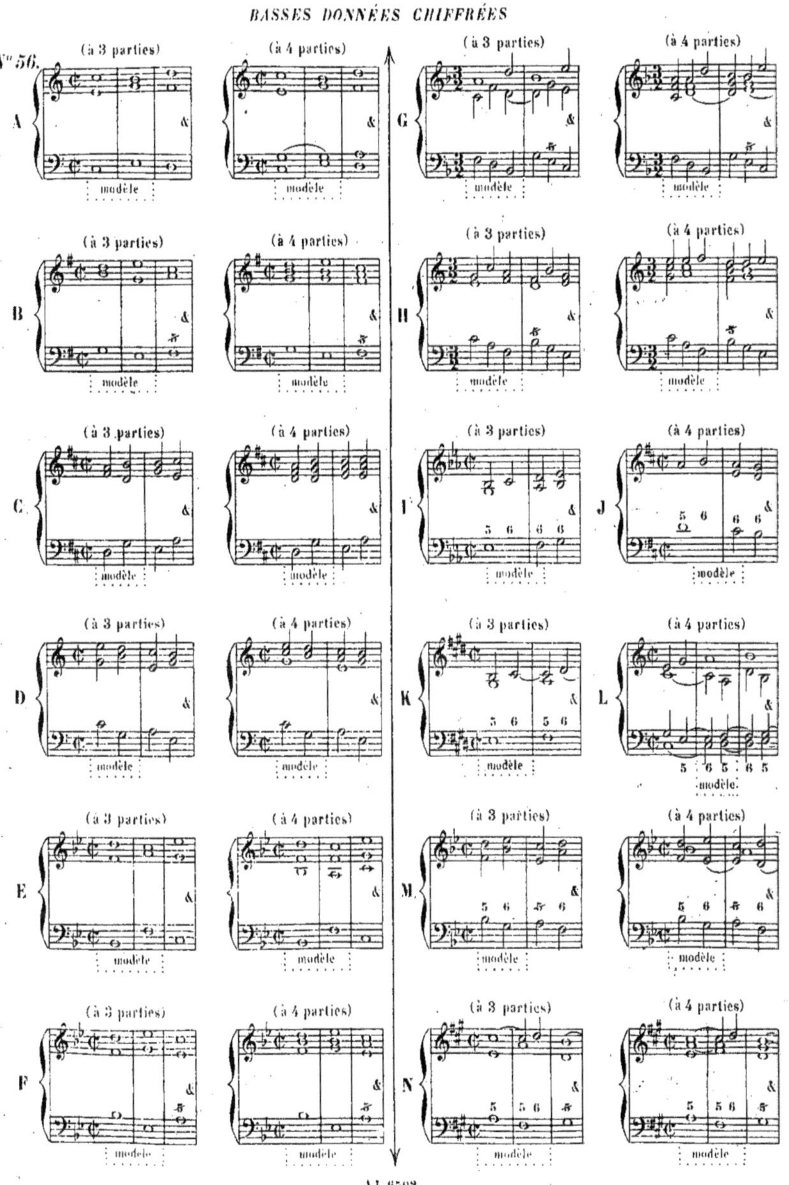

LEÇONS UNITONIQUES
pour l'emploi des Accords de **3** sons fondamentaux et renversés

BASSES DONNÉES SANS CHIFFRES (*)

(*) Les *chiffres* placés *au dessous* de certaines notes de basse indiquent une *seconde manière d'harmoniser* ces notes.

A.L.6502.

BASSES DONNÉES CONTENANT DES MARCHES D'HARMONIE

Moderato.
N.º 65.
Moderato.
N.º 66.
Allegro.
N.º 67.
Allegro moderato.
N.º 68.
CHANTS DONNÉS ÉLÉMENTAIRES EN DO MAJEUR
Moderato.
N.º 69.
Moderato.
N.º 70.
Moderato.
N.º 71.

N° 72. Moderato.

N° 73. Moderato.

CHANTS DONNÉS ÉLÉMENTAIRES EN LA MINEUR

N° 74. Moderato.

N° 75. Moderato.

N° 76. Moderato.

N° 77. Moderato.

CHANTS DONNÉS EN DIFFÉRENTS TONS

N° 78. Andantino.

N° 79. Allegro moderato.

N° 80. Allegro moderato.

Nᵒ 81.
Andantino.
Nᵒ 82.
Allegro moderato.
Nᵒ 83.
Moderato.
Nᵒ 84.
Moderato.
Nᵒ 85.
Allegretto.

BASSES DONNÉES SANS CHIFFRES

MODULATIONS AUX TONS VOISINS (Accord du 5me Degré)

MODULATIONS AUX TONS VOISINS (Accord de 5 du 7me Degré)

MODULATIONS ENTRE TONS VOISINS
avec accords mixtes

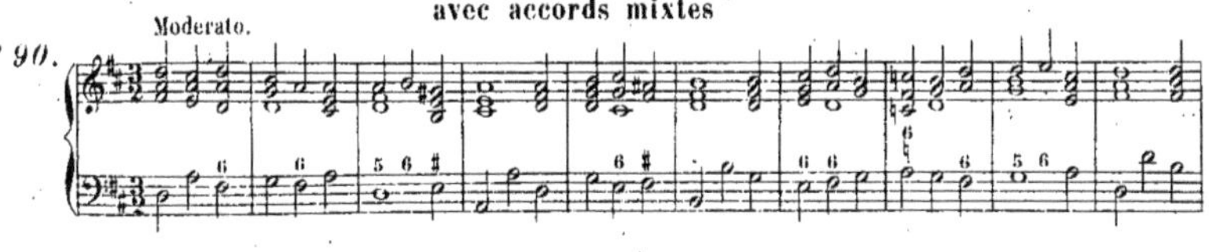

MODULATIONS ENTRE TONS VOISINS
en quittant le ton primitif
et en abordant le nouveau ton de diverses manières

MODULATIONS PAR LE CHANGEMENT DE MODE
de l'accord du 1er degré fondamental ou renversé

MODE MINEUR
abordé par l'un de ses accords du 2ᵉ, du 4ᵉ ou du 6ᵉ degré;
MODE MAJEUR
abordé par le 1ᵉʳ renversement de l'accord du 4ᵉ degré.

MODULATIONS
provoquées par l'Accord de Quarte et Sixte non-préparé.

ENHARMONIE

BASSE DONNÉE CHIFFRÉE

MARCHES MODULANTES

BASSES DONNÉES CHIFFRÉES

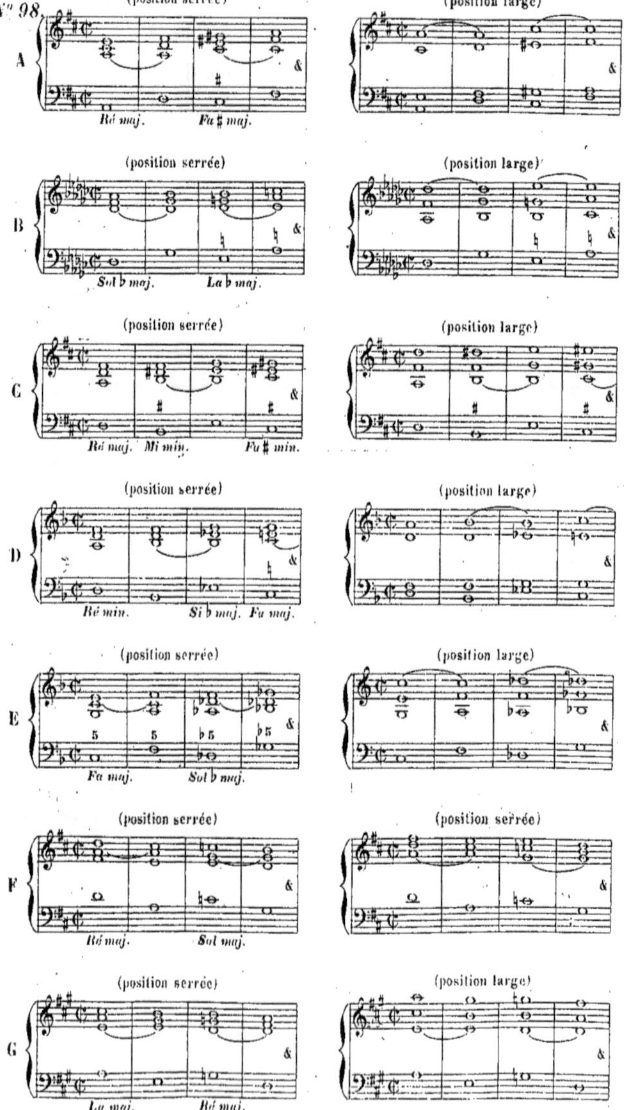

A.L.6502.

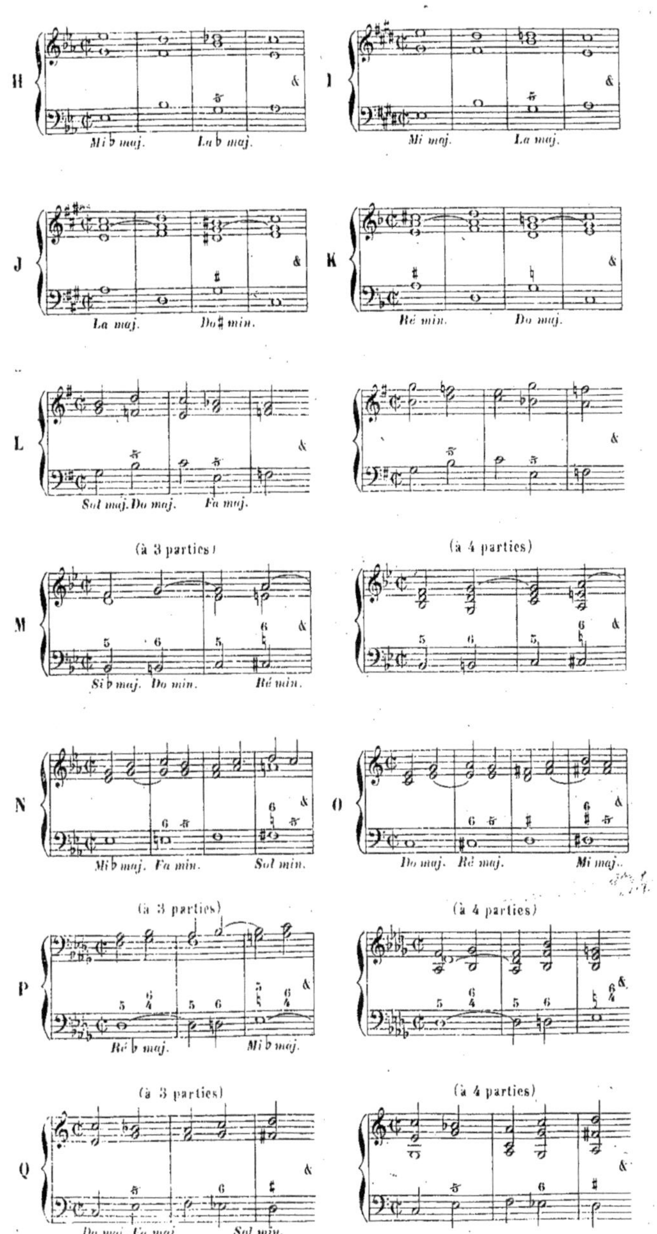
Mi♭ maj.
La♭ maj.
Mi maj.
La maj.
La maj.
Do♯ min.
Ré min.
Do maj.
Sol maj. Do maj.
Fa maj.
(à 3 parties)
(à 4 parties)
Si♭ maj.
Do min.
Ré min.
Mi♭ maj.
Fa min.
Sol min.
Do maj.
Ré maj.
Mi maj.
(à 3 parties)
(à 4 parties)
Ré♭ maj.
Mi♭ maj.
(à 3 parties)
(à 4 parties)
Do maj.
Fa maj.
Sol min.

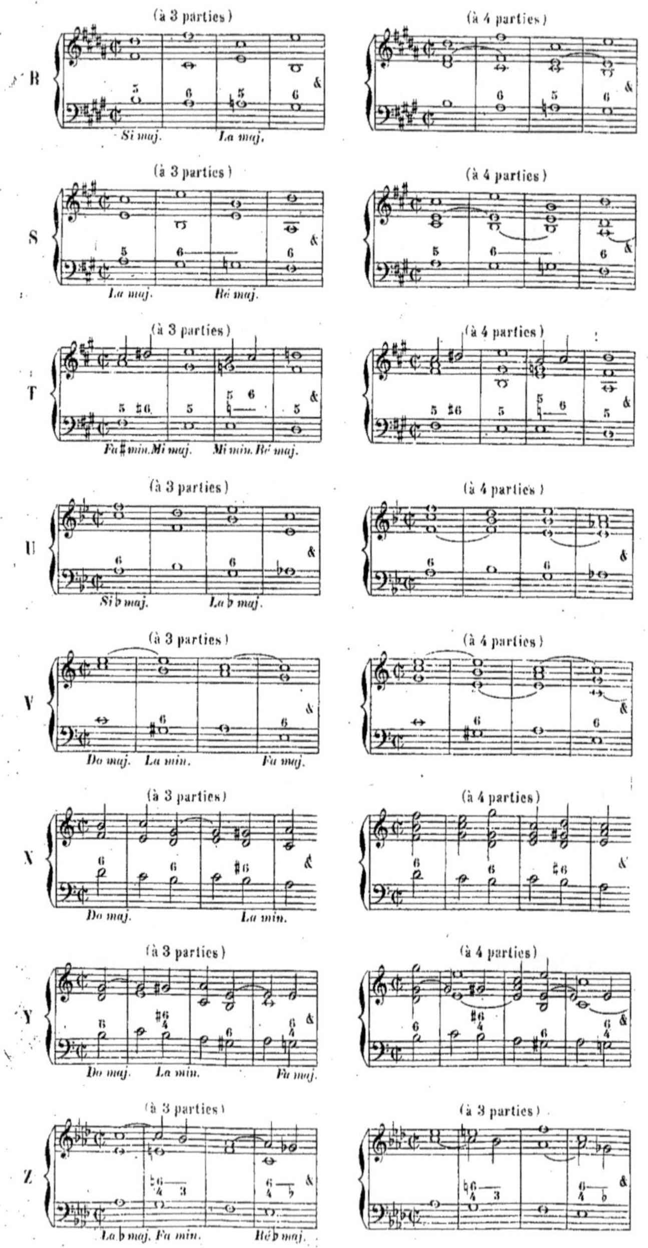
R
(à 3 parties)
(à 4 parties)
Si maj.   La maj.
S
(à 3 parties)
(à 4 parties)
La maj.   Ré maj.
T
(à 3 parties)
(à 4 parties)
Fa# min. Mi maj.   Mi min. Ré maj.
U
(à 3 parties)
(à 4 parties)
Si b maj.   La b maj.
V
(à 3 parties)
(à 4 parties)
Do maj. La min.   Fa maj.
X
(à 3 parties)
(à 4 parties)
Do maj.   La min.
Y
(à 3 parties)
(à 4 parties)
Do maj. La min.   Fa maj.
Z
(à 3 parties)
(à 3 parties)
La b maj. Fa min.   Ré b maj.

CADENCES ÉVITÉES

BASSE DONNÉE CHIFFRÉE

LEÇONS DONNÉES AVEC LEUR RÉALISATION
sauf les Altérations demandées
MODE MAJEUR

**Accords parfaits majeurs rendus mineurs
par l'altération descendante de leur Tierce**

Accords parfaits mineurs rendus majeurs
par l'altération ascendante de leur Tierce

Accords parfaits mineurs devenant des Accords de Quinte diminuée
par l'altération descendante de leur Quinte

Accord de Quinte diminuée du 7ᵐᵉ degré
devenant accord parfait mineur par l'altération ascendante de sa Quinte

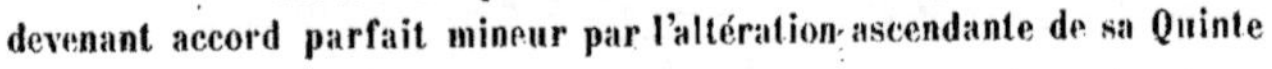

Accord de Quinte diminuée du 7ᵐᵉ degré
devenant Accord parfait majeur par l'altération descendante de sa Fondamentale

(*) Si nous employons ici cette *altération dissonante* c'est qu'elle amène bien ce renversement *peu usité* de l'accord du 6ᵉ degré.

MODE MINEUR

Accords parfaits mineurs rendus majeurs
par l'altération ascendante de leur Tierce

N° 101.

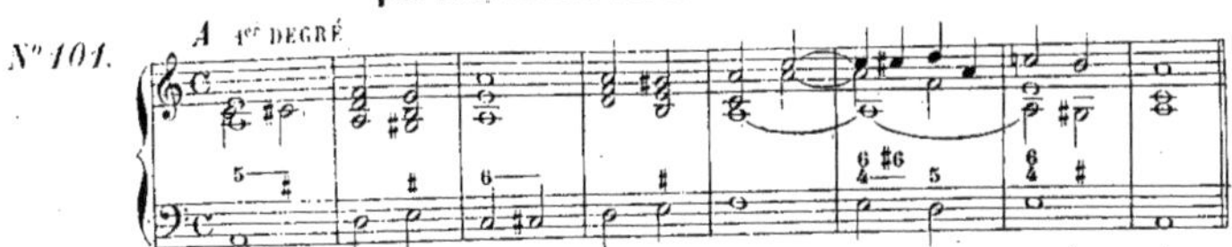

Accord parfait majeur du 5ᵐᵉ degré rendu mineur
par l'altération descendante de sa Tierce

Accord parfait majeur du 6ᵐᵉ degré devenant accord de Quinte diminuée
par l'altération ascendante de sa Fondamentale

Accords de Quinte diminuée devenant des accords parfaits mineurs
par l'altération ascendante de leur Quinte

Accords de Quinte diminuée devenant des Accords parfaits majeurs
par l'altération descendante de leur fondamentale

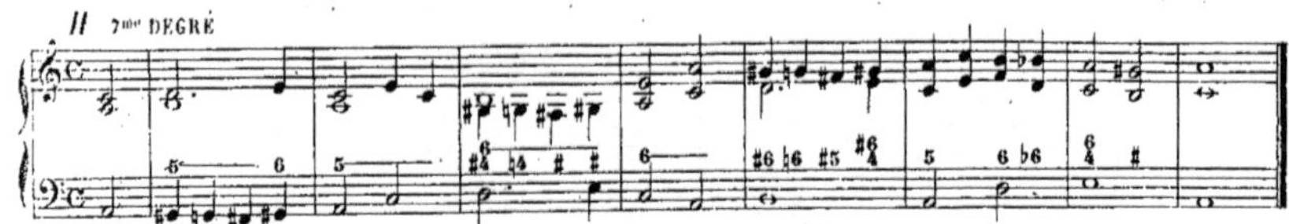

ALTÉRATIONS DOUBLES ET TRIPLES

MODE MAJEUR

ALTÉRATIONS DESCENDANTES DOUBLES

ALTÉRATIONS ASCENDANTES DOUBLES

ALTÉRATIONS TRIPLES ASCENDANTES ET DESCENDANTES

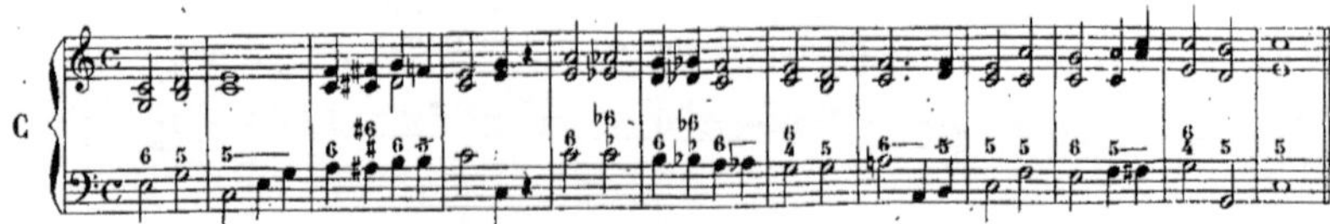

MODE MINEUR

ALTÉRATIONS DOUBLES ET TRIPLES ASCENDANTES ET DESCENDANTES

ALTÉRATIONS NON-PRÉPARÉES

BASSES DONNÉES CHIFFRÉES

A.L.6502.

BASSES ET CHANTS DONNÉS MODULANTS

CHANT DONNÉ

Nº 112.

BASSE DONNÉE

Nº 113.

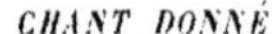

N° 114.

N° 115.

N° 116.

A.L.6502.

CHANT DONNÉ

Nº 117.

A.L.6502.

NOTES DE PASSAGE

LEÇONS DONNÉES AVEC LEUR RÉALISATION
en Notes réelles seulement

MARCHES

N° 120.

MODE MINEUR

6me DEGRÉ HAUSSÉ et 7me DEGRÉ BAISSÉ

BRODERIES

LEÇONS DONNÉES AVEC LEUR RÉALISATION
sauf les Broderies

MARCHES

MODE MINEUR

BRODERIE SUPÉRIEURE du 6me DEGRÉ, BRODERIE INFÉRIEURE du 7me

NOTES DE PASSAGE, BRODERIES, IMITATIONS

BASSES DONNÉES CHIFFRÉES

MARCHES A IMITATIONS

C
D
E
LEÇONS
Nᵒ 126.
Moderato.

N° 127. Moderato.
N° 128. Andantino.
A.L.6502.

CHANT DONNÉ

No 129.

FIN DE LA PREMIÈRE PARTIE

ACCORD de SEPTIÈME de DOMINANTE
et ses renversements

LEÇONS UNITONIQUES

MODULATIONS ENTRE TONS VOISINS

MODULATIONS AUX TONS ÉLOIGNÉS

opérées au moyen de modulations successives entre tons voisins
poursuivies dans une même direction.

MÊMES MODULATIONS ÉLOIGNÉES
obtenues plus rapidement par l'équivoque et le changement de mode

Nᵒ 135.

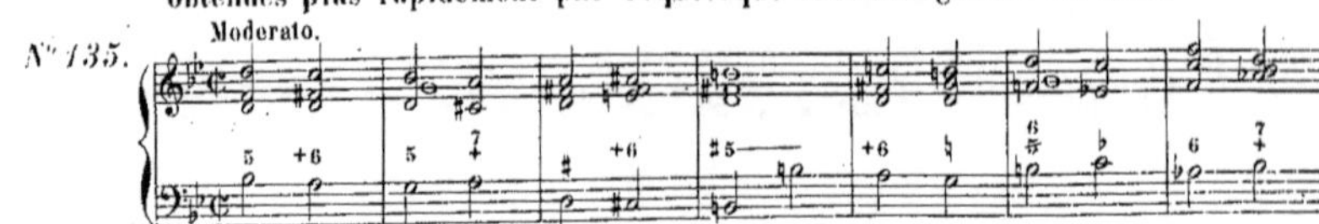

MODULATIONS OPÉRÉES BRUSQUEMENT
au moyen de la cadence rompue empruntée au mode mineur

Nᵒ 136.

MARCHES D'HARMONIE
Accord de septième de Dominante et ses Renversements
en résolution naturelle.

Nᵒ 137.

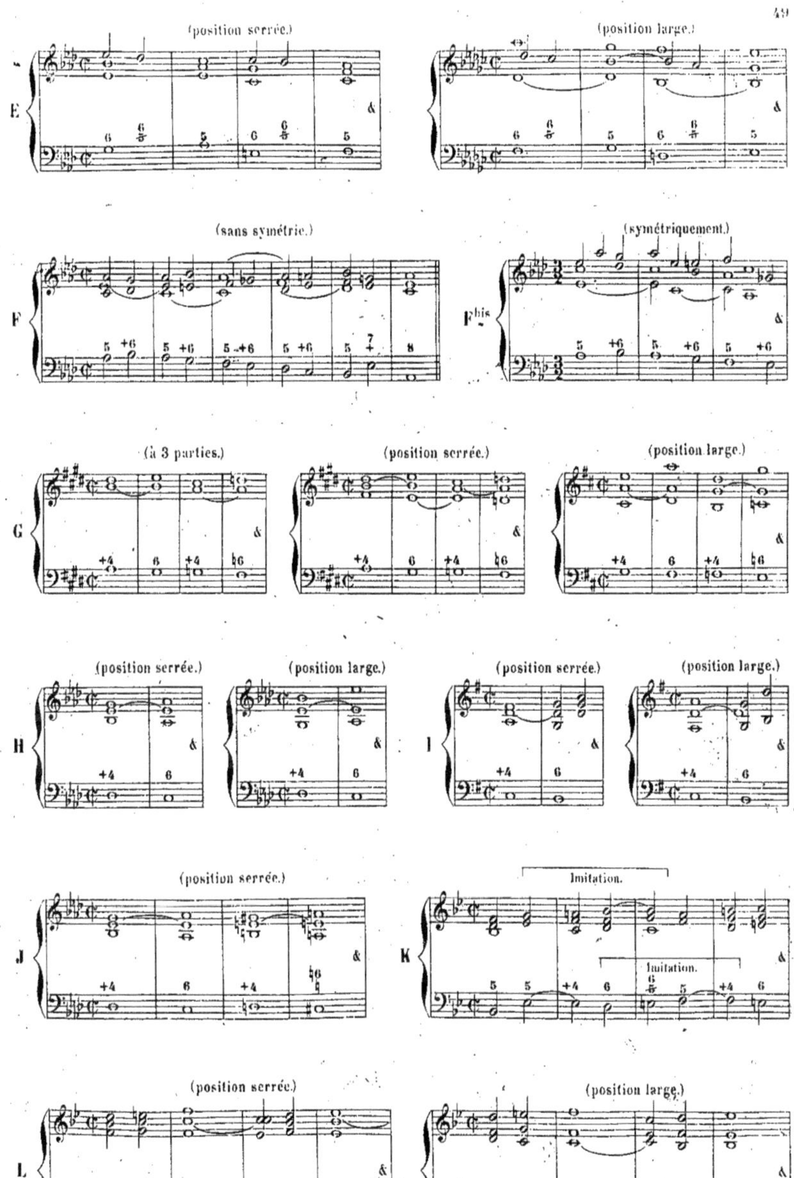
(position serrée.)
(position large.)
E
(sans symétrie.)
(symétriquement.)
F
F bis
(à 3 parties.)
(position serrée.)
(position large.)
G
(position serrée.)
(position large.)
(position serrée.)
(position large.)
H
I
(position serrée.)
Imitation.
Imitation.
J
K
(position serrée.)
(position large.)
L

CHANTS DONNÉS

Nº 138. Allegro.

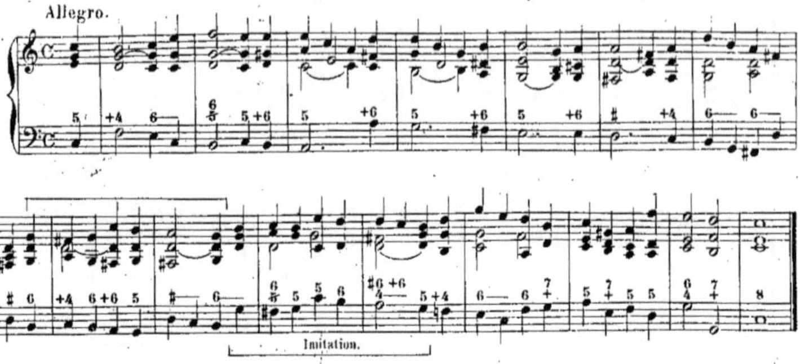

Nº 139. Moderato.

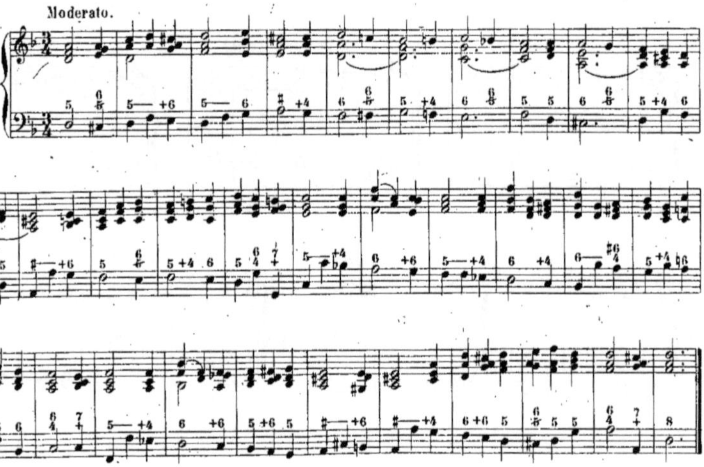

BASSES DONNÉES CHIFFRÉES

ACCORDS BRISÉS

Nº 140. Allegro.

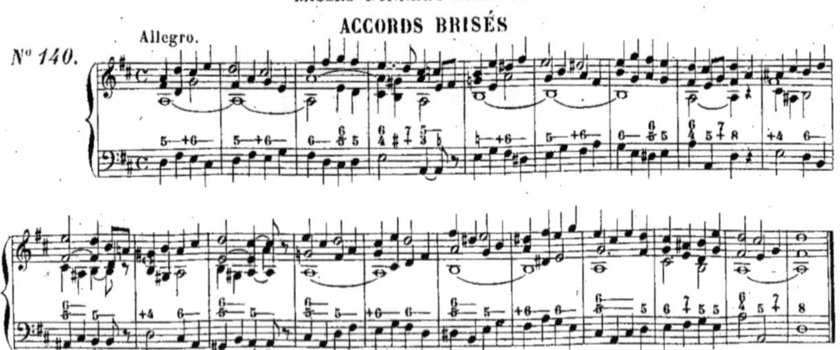

ÉCHANGES de NOTES avec NOTES de PASSAGE

N° 141. Moderato.

BASSES DONNÉES SANS CHIFFRES
ACCORDS BRISÉS ou ARPÉGÉS

N° 142. Allegro.

N⁰ 143.

Allegro.
ÉCHANGES de NOTES avec NOTES de PASSAGE
Moderato.
N⁰ 144.

CHANTS DONNÉS
ACCORDS BRISÉS
Nº 145.
Andante.
Nº 146.
Andantino.
A.L.6502.

RÉSOLUTIONS EXCEPTIONNELLES
de l'accord de septième de dominante et de ses renversements
EXERCICES

MARCHES D'HARMONIE

Nº 148.

D (position serrée.)
(position large.)
E (position serrée.)
(position large.)
+6   7   +6   7
+6   7   +6   7
5 +4   6   +4
5 +4   6   +4
F (à 3 parties.)
Imitation.
(à 4 parties.)
5   7   6   6   7
5   7   6   6   7
G (position serrée.)
(position large.)
H   Imitation.
6   6   +6   6   6
6   6   +6   6   +4   6   +6
I (à 3 parties.)
(à 4 parties.)
5 +4   7   +4
5 +4   7   +4
J (positions serrées.)
(position large.)
+4   +4   +4   +4   +4
K (position serrée.)
(position large.)
6   +4   6
6   +4   6
L (position serrée.)
(position large.)
7   6   7
7   6   7

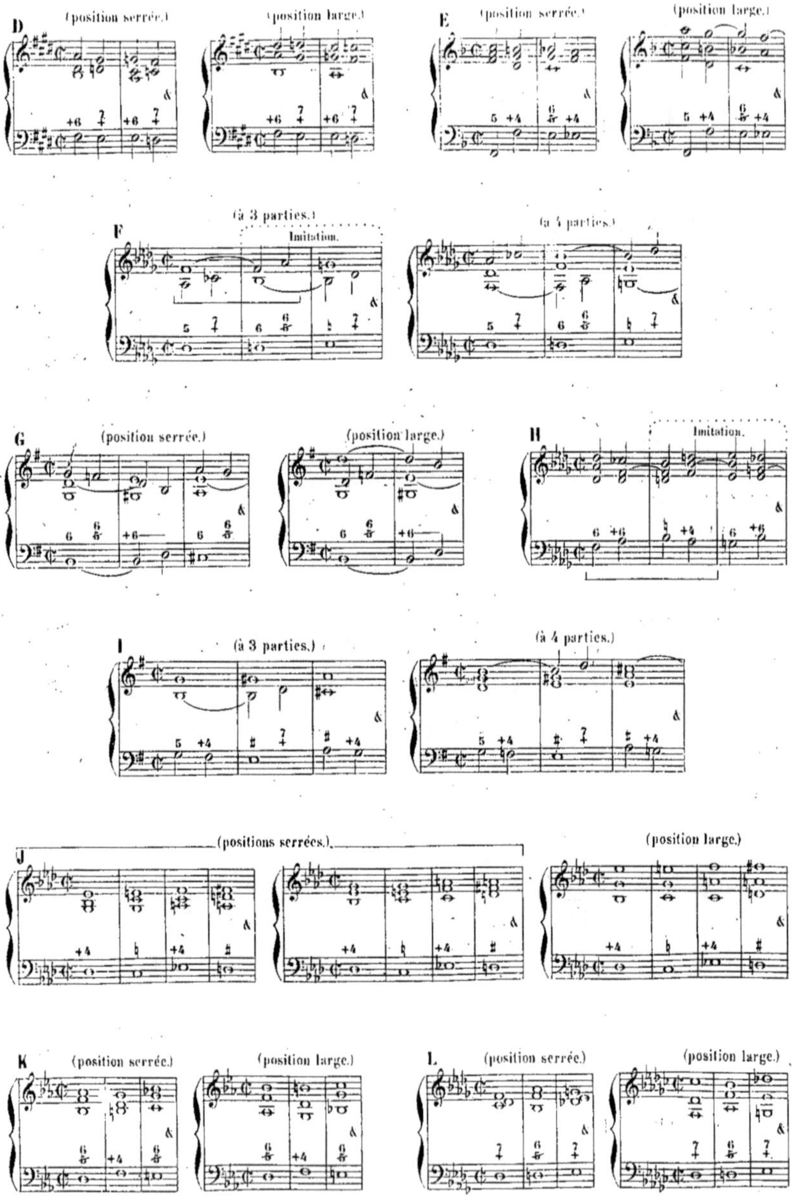

MARCHES RÉALISÉES SANS SYMÉTRIE

BASSE ET CHANT DONNÉS

Nº 149. Moderato.

Nº 150. Allegro.

A.L.6502.

NOTES de PASSAGE, BRODERIES, IMITATIONS

LEÇONS DONNÉES SANS LEUR HARMONIE

BASSE DONNÉE

BASSE, DEUXIÈME et PREMIÈRE PARTIES
données alternativement.

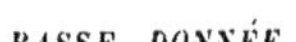

BASSE DONNÉE
Nᵒ 153. 
Allegretto.
Imitation.
CHANT DONNÉ
Nᵒ 154.
Andantino.
Imitation.
A.L.6502.

ACCORDS de SEPTIÈME de SENSIBLE
des deux modes et leurs renversements

BASSES DONNÉES

N° 155. Moderato.

MODULATIONS ENTRE TONS VOISINS

BASSE DONNÉE

N° 157. Molto moderato.

MARCHES D'HARMONIE

SEPTIÈME de SENSIBLE (mode majeur)

A.L.6502.

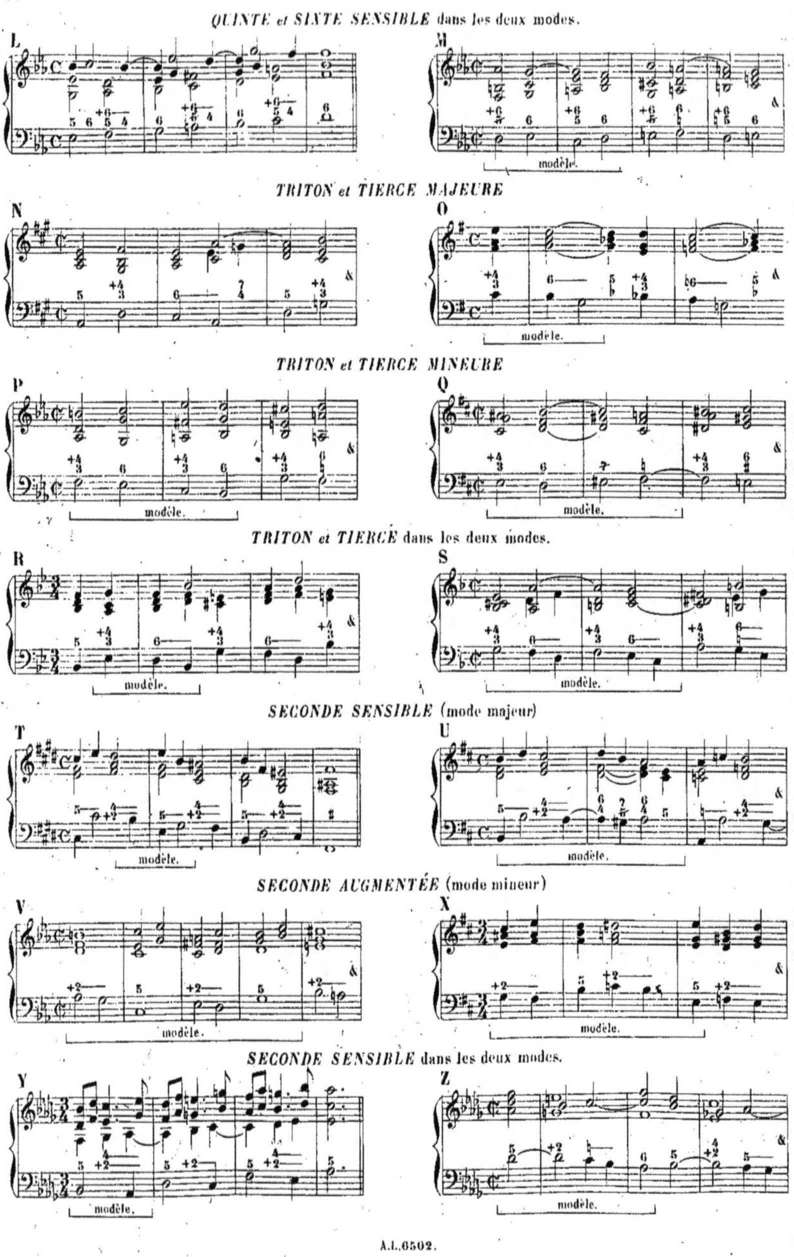
QUINTE et SIXTE SENSIBLE dans les deux modes.
L
M
modèle.
TRITON et TIERCE MAJEURE
N
O
modèle.
TRITON et TIERCE MINEURE
P
Q
modèle.
modèle.
TRITON et TIERCE dans les deux modes.
R
S
modèle.
modèle.
SECONDE SENSIBLE (mode majeur)
T
U
modèle.
modèle.
SECONDE AUGMENTÉE (mode mineur)
V
X
modèle.
modèle.
SECONDE SENSIBLE dans les deux modes.
Y
Z
modèle.
modèle.

MODULATIONS SUCCESSIVES ENTRE TONS VOISINS
qui font parvenir à des tons fort éloignés

MODULATIONS ENTRE TONS VOISINS ou TONS ÉLOIGNÉS
les unes convergentes, les autres divergentes.

ACCORDS de 7ᵐᵉ de SENSIBLE, de 7ᵐᵉ DIMINUÉE et RENVERSEMENTS
obtenus par l'altération

ALTÉRATION ASCENDANTE
de la septième diminuée produisant un accord de septième de sensible
du mode majeur

BASSE DONNÉE

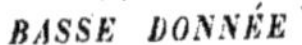

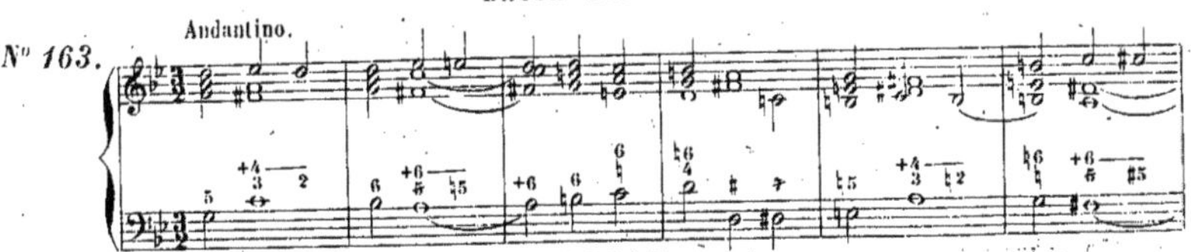

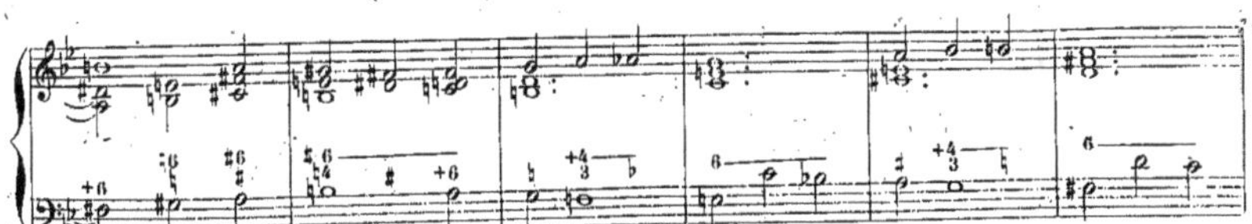

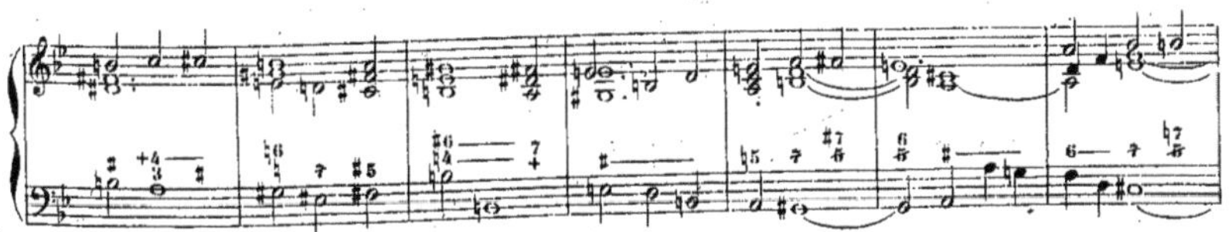

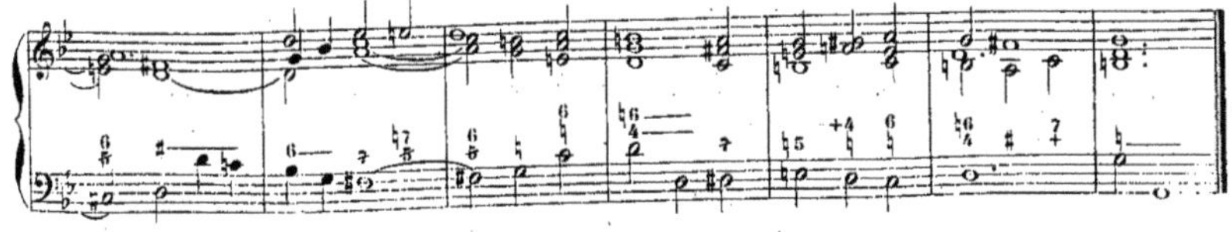

LEÇONS SPÉCIALES
sur chacun des états des accords de septième de sensible des deux modes
en résolution naturelle

BASSES DONNÉES

ÉTAT FONDAMENTAL

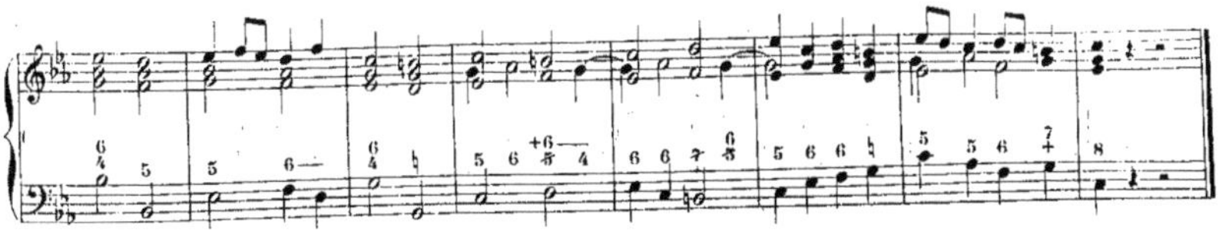

DEUXIÈME RENVERSEMENT

Nº 166.

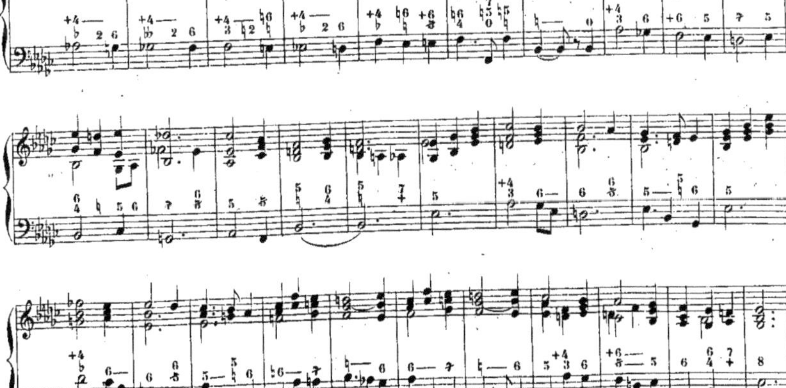

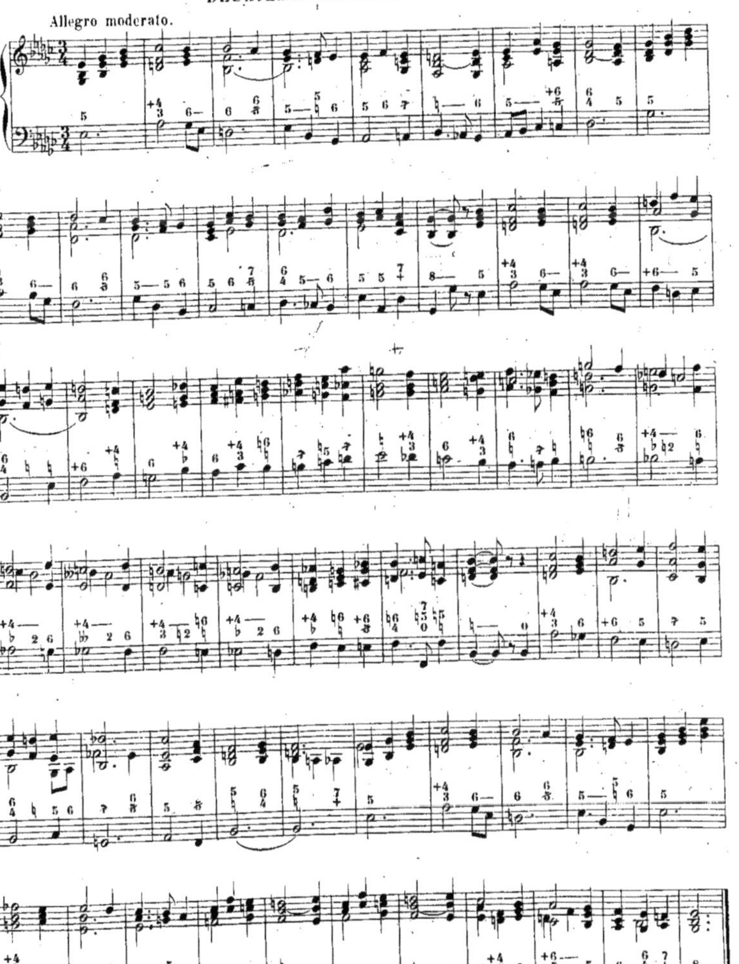

TROISIÈME RENVERSEMENT

N° 167.

CHANGEMENTS de POSITION et ÉCHANGES de NOTES

BASSE DONNÉE

N° 168.

ÉCHANGES de NOTES avec NOTES de PASSAGE

BASSE DONNÉE

N° 169.

CHANT DONNÉ

sur les *changements de position* et les *échanges de notes*.

Moderato.

Nº 170.

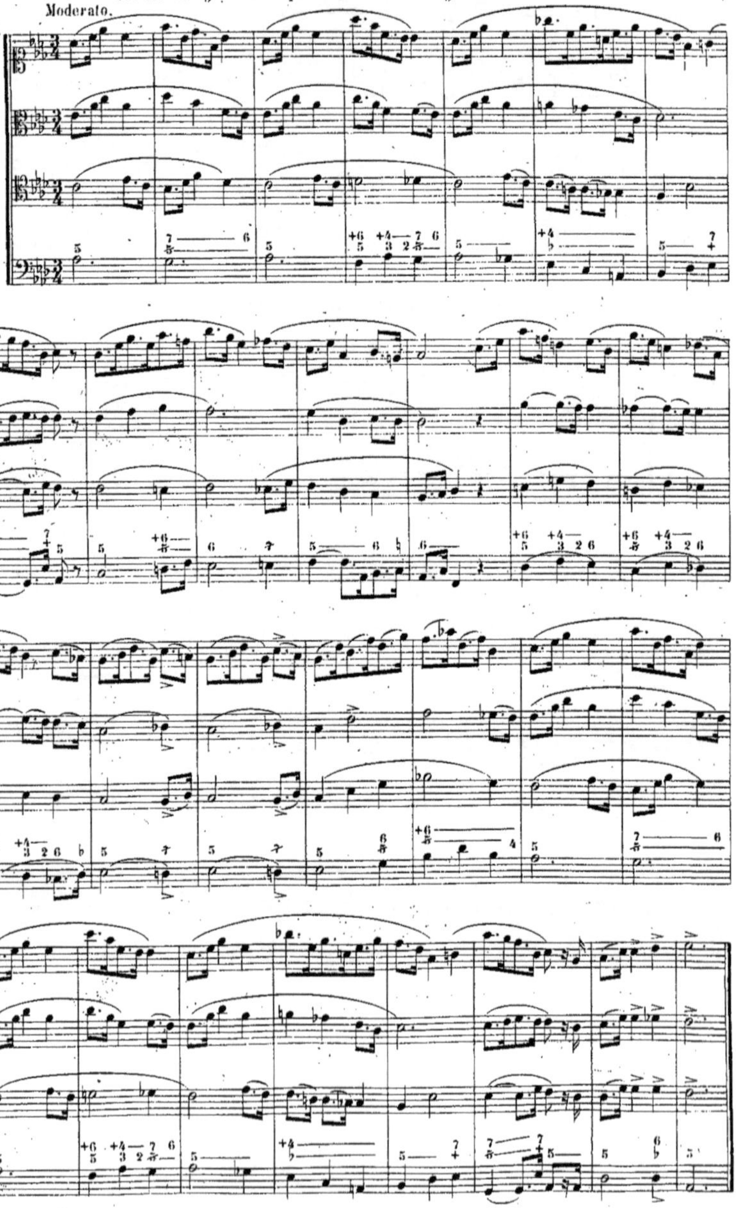

A.L.6502.

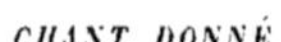

MODULATIONS ENHARMONIQUES

SEPTIÈME DIMINUÉE ET SES RENVERSEMENTS
placés successivement sur la même note
BASSE DONNÉE CHIFFRÉE

MODULATIONS ENHARMONIQUES

BASSE DONNÉE SANS CHIFFRES

RÉSOLUTIONS EXCEPTIONNELLES
des accords de septième de sensible et de septième diminuée

MARCHES D'HARMONIE

PARTIES SUPÉRIEURES NON-SYMÉTRIQUES

GAMME CHROMATIQUE avec TONALITÉ PRÉDOMINANTE

MODULATIONS CONVERGENTES

SEPTIÈME DE SENSIBLE ET SES RENVERSEMENTS
servant de résolution exceptionnelle à la septième de dominante

BASSES DONNÉES CHIFFRÉES

MODULATION A LA QUARTE SUPÉRIEURE OU QUINTE INFÉRIEURE (mode majeur)

MODULATION A LA TIERCE MAJEURE INFÉRIEURE
(d'un ton *mineur* à un ton *majeur*)

N°. 176. — Moderato.

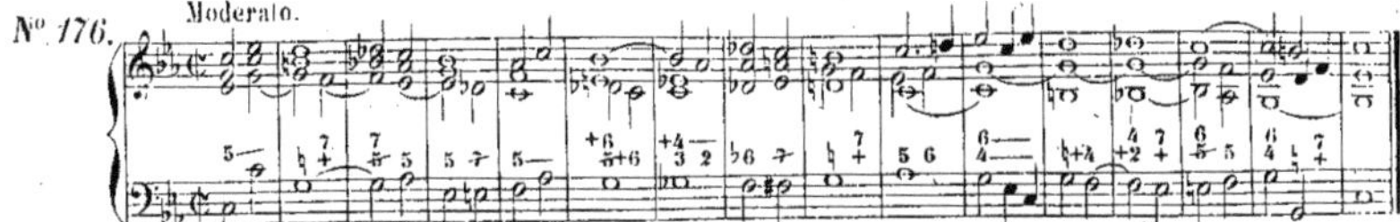

MODULATION A LA TIERCE MINEURE SUPÉRIEURE
(d'un ton *mineur* à son relatif *majeur*)

N°. 177. — Allegretto.

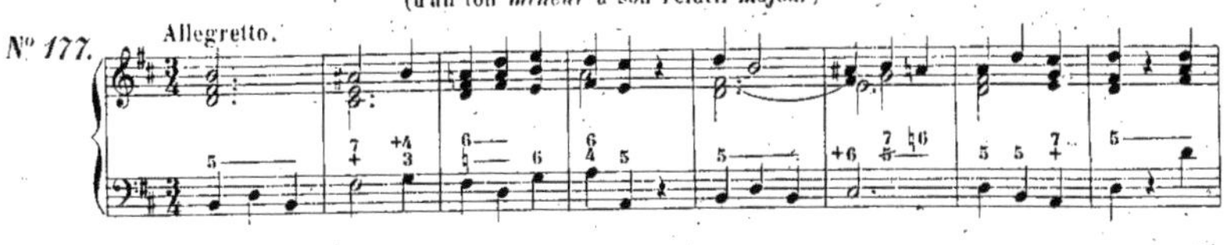

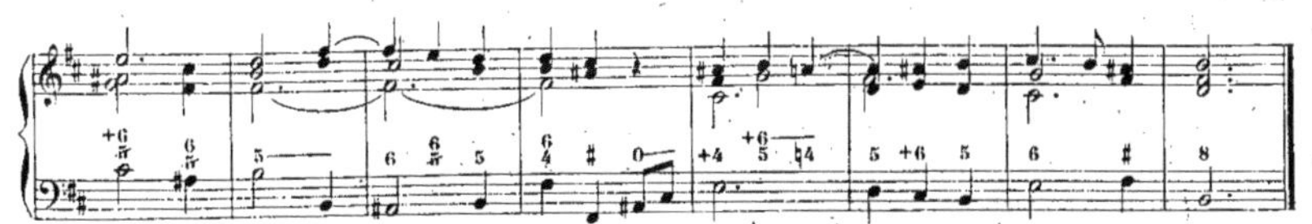

SEPTIÈME DIMINUÉE et ses RENVERSEMENTS
servant de résolution exceptionnelle à la septième de dominante

BASSES DONNÉES CHIFFRÉES
MODULATION A LA TIERCE MINEURE INFÉRIEURE
(d'un ton *majeur* à son relatif *mineur*)

N°. 178. — Molto moderato.

MODULATION A LA SECONDE MAJEURE SUPÉRIEURE

N°. 179. — Moderato.

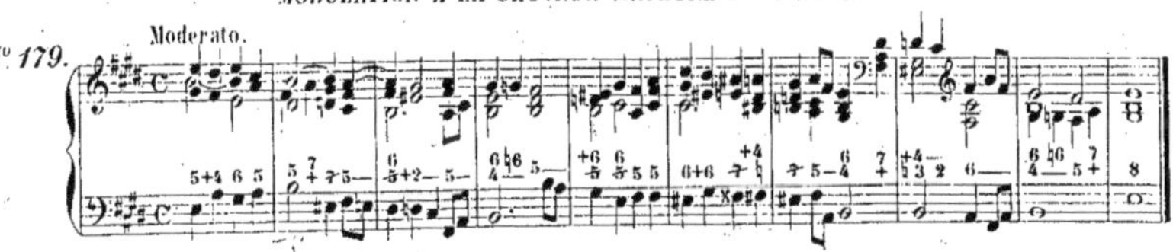

MODULATION A LA SECONDE MAJEURE SUPÉRIEURE (mode mineur)

N°. 180. — Moderato.

76
MODULATION A LA TIERCE MAJEURE SUPÉRIEURE
(d'un ton majeur à un ton mineur)
Nº 181. Moderato.  
MODULATION A LA TIERCE MINEURE SUPÉRIEURE
(mode mineur)
Nº 182. Moderato.  
MODULATION A LA TIERCE MAJEURE INFÉRIEURE (mode mineur)
Nº 183. Molto moderato.  
MODULATION A LA SECONDE MINEURE INFÉRIEURE
ET A LA SECONDE MAJEURE SUPÉRIEURE
(dans les deux modes)
Nº 184. Molto moderato.
LECONS
dont la basse et le chant ont été donnés sans les chiffres
Nº 185. Allegro moderato.
A.L.6502.

Nº 186.
Moderato.
A.L.6502.

BRODERIES
dans les accords de septième de sensible des deux modes
et leurs renversements

MARCHES D'HARMONIE

BRODERIE INFÉRIEURE DE LA FONDAMENTALE

BRODERIE INFÉRIEURE DE LA DISSONANCE DE SEPTIÈME (dans les deux modes)

BRODERIE SUPÉRIEURE DE LA QUINTE
dans l'accord de septième diminuée.

CHANT DONNÉ
(B.C.S.)

ACCORDS de NEUVIÈME de DOMINANTE
à l'état fondamental et en résolution naturelle
MARCHES D'HARMONIE

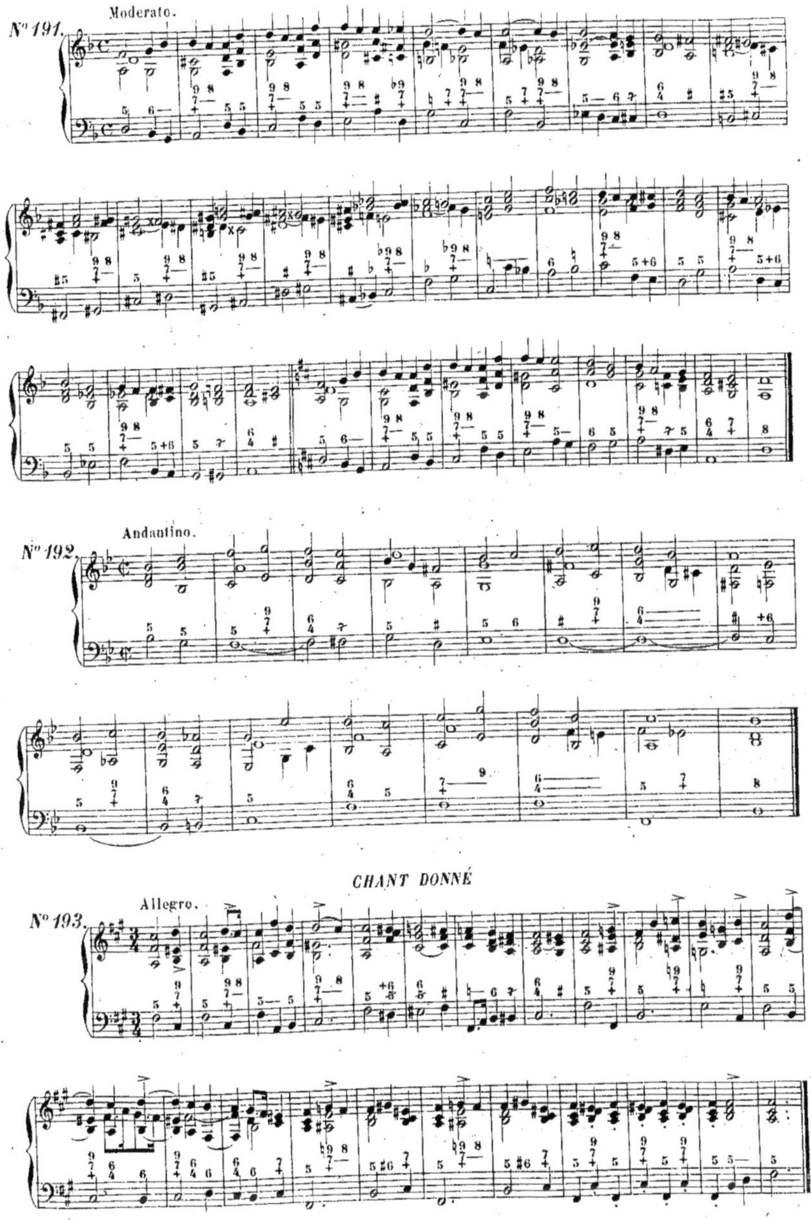
N.º 191. Moderato.
N.º 192. Andantino.
CHANT DONNÉ
N.º 193. Allegro.

RÉSOLUTIONS EXCEPTIONNELLES des ACCORDS de 9ᵐᵉ de DOMINANTE

ALTÉRATION ASCENDANTE de la Neuvième mineure
ALTÉRATION DESCENDANTE de la Neuvième majeure

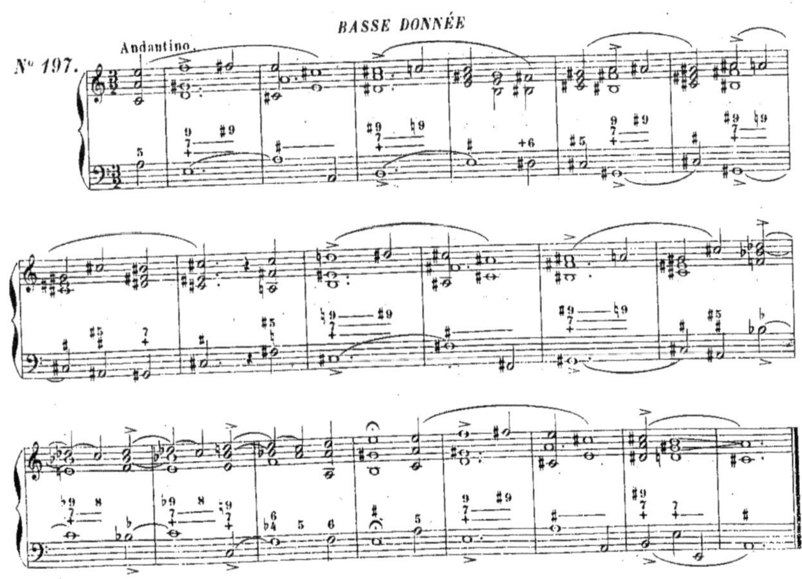

RENVERSEMENTS
des accords de neuvième de dominante
en résolution naturelle

MARCHES D'HARMONIE

PREMIER RENVERSEMENT

Mode majeur

BASSE DONNÉE

A. L. 6502.

CHANGEMENTS DE POSITION

BASSE ET CHANT DONNÉS

ÉCHANGES de NOTE avec NOTES de PASSAGE

ACCORDS
de septième et de neuvième sur-tonique

MARCHES D'HARMONIE
RÉSOLUTION NATURELLE

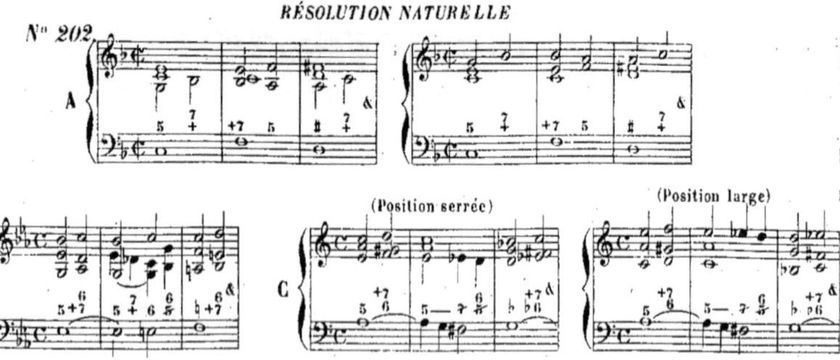

A CINQ PARTIES
D
E
F
RÉSOLUTIONS EXCEPTIONNELLES
(Position serrée)
(Position large)
N° 203.
G
(Position serrée)
(Position large)
H
(Position serrée)
(Position large)
I
(Position serrée)
(Position large)
J
K
BASSES DONNÉES
ACCORDS de SEPTIÈME SUR-TONIQUE
N° 204.
Larghetto.
Legato.
N° 205.
Andantino.
Legato.

N° 206.

ACCORDS de SEPTIÈME et de NEUVIÈME SUR-TONIQUE

N° 207.

ACCORDS de SEPTIÈME SUR-TONIQUE

N° 208.

ACCORDS de NEUVIÈME SUR-TONIQUE

N° 208 bis.

A.L.6502.

BASSE et CHANT DONNÉS
N° 209.
Moderato.
CHANT DONNÉ
N° 210.
Cantabile.
BRODERIES
dans les accords de neuvième de dominante
et dans les accords de septième sur-tonique
N° 211.
Chant donné.
Andante.
Sempre legato il basso.

RÉCAPITULATION
des accords dissonants naturels
Tempo giusto.
N° 212.
Crescendo.
Cre - scen - do.
Decresc.
Rall.
FIN DE LA DEUXIÈME PARTIE